Veo, veo

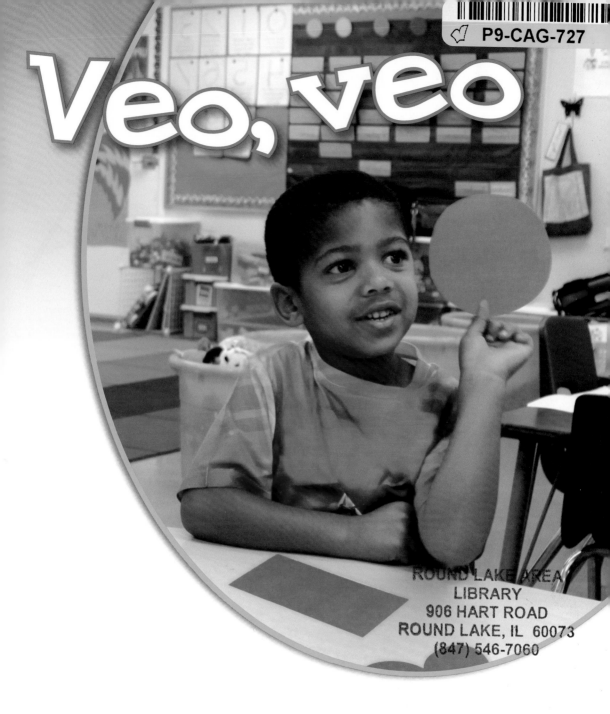

ROUND LAKE AREA
LIBRARY
906 HART ROAD
ROUND LAKE, IL 60073
(847) 546-7060

Anne Montgomery

P9-CAG-727

Veo, veo algo azul.

Va aquí.

Veo que es un **cuadrado**.

Va aquí también.

Veo, veo algo rojo.

Va aquí.

Veo que es un **círculo**.

Va aquí también.

Veo, veo algo verde.

Va aquí.

Veo que es un **triángulo**.

Va aquí también.

Veo, veo algo nuevo.

Va aquí.

Veo que es arte.

Va aquí también.

¡Hagamos ciencia!

¿Cómo puedes agrupar cosas?
¡Intenta esto!

Qué conseguir

❏ 20 objetos pequeños, como
guijarros, monedas o frijoles

Qué hacer

1 ¿En qué se parecen los artículos? ¿En qué se diferencian?

2 Agrupa los artículos por tamaño. ¿Cuántos tamaños ves? Agrupa los artículos por color. ¿Cuántos colores ves?

3 ¿De cuántas maneras puedes agrupar los artículos?

Glosario

círculo:

cuadrado:

triángulo:

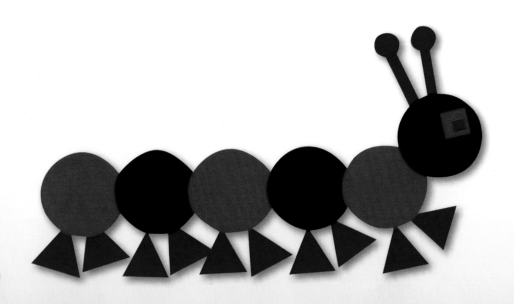

Índice

¡Tu turno!

¿De cuántas maneras puedes agrupar las cosas de arriba?

Asesoras

Sally Creel, Ed.D.
Asesora de currículo

Leann Iacuone, M.A.T., NBCT, ATC
Riverside Unified School District

Jill Tobin
Semifinalista
Maestro del año de California
Burbank Unified School District

Créditos de publicación

Conni Medina, M.A.Ed., *Gerente editorial*
Lee Aucoin, *Directora creativa*
Diana Kenney, M.A.Ed., NBCT, *Editora principal*
Lynette Tanner, *Editora*
Lexa Hoang, *Diseñadora*
Hillary Dunlap, *Editora de fotografía*
Rachelle Cracchiolo, M.S.Ed., *Editora comercial*

Créditos de imágenes: Portada y págs.1–17, 20–21,
pág.24 Hillary Dunlap; págs.18–19 (ilustraciones)
J.J. Rudisill; todas las demás imágenes cortesía de
Shutterstock.

Teacher Created Materials
5301 Oceanus Drive
Huntington Beach, CA 92649-1030
http://www.tcmpub.com
ISBN 978-1-4258-4629-9
© 2017 Teacher Created Materials, Inc.